Der magische Fußball

Alle Bände **Zu zweit leichter lesen lernen** auf einen Blick:

Maja von Vogel: Nele und die Flaschenfee (Band 1)

Marianne Schröder: Karo und die kleine Ziege (Band 2)

Christian Tielmann: Die Piraten vom Dach (Band 3)

Julia Boehme: Conni auf dem Reiterhof (Band 4)

Sabine Rahn: Lissi und der Zoo-Geburtstag (Band 5)

Sabine Streufert: Freistoß für Julia (Band 6)

Wolfram Hänel: Der 24. Weihnachtsmann (Band 7)

Anton Toreck: Der magische Fußball (Band 8)

Zu zweit leichter lesen lernen

Der magische Fußball

Von Anton Toreck
Mit Bildern von Heribert Schulmeyer

Zu zweit leichter lesen lernen

Wie das funktioniert?

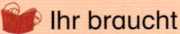 Ihr braucht:

· einen, der schon besser lesen kann
  (eine Mutter, einen Opa, eine große Schwester
  oder so was Ähnliches),
· einen Leseanfänger und
· dieses Buch hier mit der magischen Fußballgeschichte.

Ihr legt das Buch zwischen euch … und los geht's!

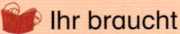 Der geübte Leser liest die längeren Texte auf der linken Seite,
der Anfänger liest die kurzen Texte auf der rechten Seite.

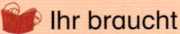 Die gepunktete Linie ·········▶ zeigt euch die Leserichtung.
Quer durch das Fußball-Abenteuer.

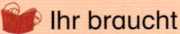 Und wenn ihr fertig seid, könnt ihr euch die ganze
Geschichte noch mal gegenseitig erzählen. Die Bilder vorne
und hinten im Buch helfen euch dabei.

Jetzt viel Spaß beim Lesen zu zweit!

Inhalt

Die Pechsträhne   6

Der magische Fußball   16

Die Ballprobe   28

Die Hüter der magischen Kugel   40

Das Turnier   50

Das Spiel um den Pokal   60

Die Pechsträhne

„Den hätte sogar meine Oma gehalten!", ruft Jo.
Wütend baut er sich vor Tina auf.
Tina hütet bei der Fußballmannschaft *Die Kurzen
Kicker* das Tor. Jo spielt im Sturm.
„Der war total unhaltbar. Mach du vorne lieber
mehr Tore!", erwidert Tina sauer.
„Mensch, Leute, beruhigt euch doch!", versucht
Ole, der Verteidiger der *Kurzen Kicker*, den Streit
zu schlichten.
„Das Tor war überhaupt deine Schuld!", rufen Tina
und Jo gleichzeitig. „Du hättest den Angreifer
stoppen müssen, bevor er schießt!"
Die Kurzen Kicker liegen 2 : 0 hinten. Kein Wunder,
dass die Stimmung in ihrer Mannschaft so mies ist.
Seit fünf Spielen haben sie schon nicht mehr gewonnen.

„Passt auf!
Beim nächsten Angriff
mach ich ein Tor!",
sagt Jo.
„Das wird auch mal Zeit",
sagt Ole.
„Träumt weiter",
meint Tina.

Am Mittelkreis schießt Jo den Ball zu Ole. Der wartet, bis sich Jo vorne freigelaufen hat. Dann schlägt er einen weiten Pass in die gegnerische Hälfte. Die Flanke landet Jo direkt vor den Füßen. Doch als er die Kugel annehmen will, rutscht sie ihm über den Schuh. Der Verteidiger hinter ihm kann sich den Ball ganz leicht schnappen. Ehe Jo ihn sich zurückerobern kann, hat der Verteidiger schon nach vorne gepasst.

Das geht so schnell, dass Ole plötzlich ganz alleine vor dem eigenen Strafraum steht. Seine Mitspieler schaffen es nicht, schnell genug zurückzulaufen. Zwei Stürmer kommen direkt auf ihn zu. Mit einem Doppelpass umspielen sie ihn. Ole gibt sein Bestes, aber gegen die Überzahl ist er machtlos.

Tina läuft aus ihrem Tor.
Sie will den Stürmer stoppen.
Doch sie kommt zu spät.
Der Schuss geht genau
in den Winkel.
Tor!

Der nächste Angriff der *Kurzen Kicker* läuft auch nicht besser. Tina gibt den Ball zu Ole. Der will die Kugel zu Jo passen. Doch bevor er den Ball weiterspielen kann, stolpert Ole über seine offenen Schnürsenkel und fällt auf die Nase. Sofort hat sich ein Gegenspieler den Ball geangelt und läuft auf Tinas Tor zu.

Jo sprintet zurück, so schnell er kann. Er versucht den Angreifer aufzuhalten. Doch der spielt Jo den Ball einfach durch die Beine. Dann zieht er aus vollem Lauf ab. Tina kann den harten Schuss nicht festhalten. Von ihrem Arm springt der Ball gegen den Pfosten und kullert von dort ins Tor.

Die Kurzen Kicker haben wirklich Pech!

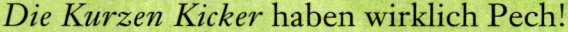

10

Am Ende verlieren sie 6 : 0.
So hoch wie noch nie.
Tina, Jo und Ole sind traurig.

Zum Glück waren heute nicht so viele Zuschauer da, weil es schon den ganzen Vormittag nach Regen aussah. Sonst wäre ihre Niederlage noch peinlicher geworden!

Auf der Tribüne stehen nur ein paar Eltern und der alte Schulze. Der alte Schulze ist jedes Wochenende da und guckt sich alle Spiele an. Früher hat er selbst in der Jugendmannschaft des Vereins gekickt.

Aber das ist lange her. Später ist er dann zu einem großen Club gewechselt. Für den hat er sogar in der Bundesliga gespielt. Damals war der alte Schulze noch nicht alt und hat in einer Saison dreißig Tore geschossen. Die Fans nannten ihn den Zauberer. Nicht weil er wirklich zaubern konnte, sondern weil er aus allen Lagen ins Tor traf und rechts genauso hart schießen konnte wie links.

Der alte Schulze
winkt den Kindern zu.
„Wartet mal!", ruft er.

Mit hängenden Köpfen bleiben die Kinder stehen. „Warum seid ihr denn so schlecht gelaunt?", fragt der alte Schulze vergnügt.

„Weil Tina alle Bälle reingelassen hat", sagt Jo.

„Weil Jo kein Tor geschossen hat", sagt Ole.

„Weil Ole so mies verteidigt hat", sagt Tina.

„Wenn ihr euch gegenseitig Vorwürfe macht, gewinnt ihr nie ein Spiel", erklärt der alte Schulze und grinst. „Aber vielleicht kann ich euch helfen!"

Tina, Jo und Ole heben hoffnungsvoll ihre Köpfe. „Wirklich wahr?", fragen die drei Kinder.

„Vielleicht", wiederholt der alte Schulze. „Kommt mich morgen Nachmittag besuchen! Meine Frau macht uns Kuchen und Limonade. Dann sehen wir weiter."

Die Kinder strahlen.
Vielleicht kann er ihnen helfen.
Verlieren ist blöd.
Gewinnen macht mehr Spaß.

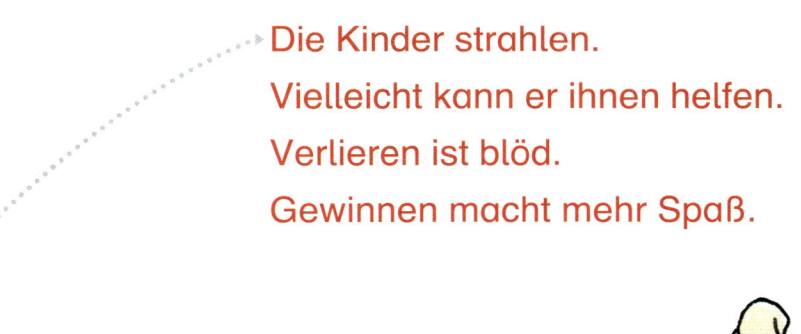

Der magische Fußball

Tina, Jo und Ole sind schrecklich aufgeregt. Sie stehen vor der Tür des alten Schulze. Es ist das erste Mal, dass sie ihn zu Hause besuchen. Ole hat im Garten seiner Eltern extra einen Strauß Blumen gepflückt. Tina hat eine Tüte mit frischen Bockwürsten dabei, weil ihr Vater eine Metzgerei besitzt. Jo hat ein altes Sammelalbum mit den Bildern von Fußballspielern unterm Arm. Das gehörte seinem Vater, als der noch ein kleiner Junge war. In dem Album ist sogar ein Foto von dem alten Schulze drin. Darunter steht auch sein Spitzname: *Der Zauberer.*

„Du läutest!", sagt Ole zu Jo.

„Warum ich?", fragt Jo zurück.

„Läute doch selber!"

„Mann, seid ihr feige",

sagt Tina und klingelt.

Kurz darauf öffnet sich die Haustür. Eine ältere Dame steht vor Jo, Ole und Tina und lächelt ihnen freundlich zu.

„Schön, dass ihr da seid!", begrüßt sie die Kinder und führt sie ins Wohnzimmer, wo der alte Schulze schon auf sie wartet.

Die Kinder übergeben ihre Geschenke und schauen sich die Zeitungsartikel an, die überall an den Wänden hängen. Auf den Fotos ist der alte Schulze zu sehen. Damals war er noch jung und viel schlanker als heute. Mehr Haare hatte er früher auch auf dem Kopf.

Staunend stehen die Kinder vor den Zeitungsausschnitten und lesen sich die Überschriften vor.

„Schulze kam, sah und traf"

„Mit seinen Toren verzaubert Schulze das Publikum"

„Der Zauberer schießt den FC ins Finale"

„Sind das wirklich Sie?",
fragt Tina.
„Na klar", antwortet der alte Schulze.
„Damals war ich jung und fit."

„Erzählen Sie doch mal: Wie war das im Pokalfinale?", fragt Jo.

„Au ja, erzählen Sie!", sagt Ole.

„Das sind doch alles olle Kamellen", erwidert der alte Schulze bescheiden.

„Bitte, bitte, bitte", sagt Tina.

Der alte Schulze lächelt. „Also gut. Wisst ihr, was das Wichtigste war? Wir waren damals eine tolle Mannschaft. Auf dem Platz war jeder für den anderen da: einer für alle, alle für einen. Da gab es kein Gemotze. Auch nicht, wenn mal jemand von uns einen Fehler gemacht hat! So sind wir bis ins Endspiel gekommen. Das Stadion war restlos ausverkauft. Die Gegner und wir waren etwa gleich stark, deswegen stand es nach neunzig Minuten immer noch 0:0."

20

„Und was war dann?", fragt Tina.
„Dann gab es Verlängerung",
antwortet der alte Schulze.
„Die Spannung war kaum auszuhalten."

Der alte Schulze trinkt einen Schluck Kaffee und nimmt sich ein Stück von dem Erdbeerkuchen, den seine Frau gebacken hat.

„Greift zu, Kinder", ermuntert er Jo, Ole und Tina.

„Erst wollen wir wissen, wer das Spiel gewonnen hat", antwortet Jo ungeduldig.

„Vorher kriege ich keinen Bissen runter", sagt Ole.

„Erzählen Sie schon! Wie ging es weiter?", drängelt Tina.

„In der zweiten Halbzeit der Verlängerung gab es einen Elfer gegen uns. Da dachte ich schon: Jetzt haben wir verloren. Aber unser Torwart hat das Ding gehalten. Dann waren nur noch ein paar Minuten zu spielen. Ich krieg den Ball an der Mittellinie und lauf einfach los."

„Ich renne nach vorne",
erzählt der alte Schulze weiter.
„Den Ball ganz eng am Fuß.
Keiner kann mich stoppen."

„Ich umdribble meine Gegner, als wären es Slalom-
stangen. Dann steht nur noch der Torwart vor mir.
Ich täusche einen Schuss an. Der Keeper springt in
die falsche Ecke und ich schiebe den Ball über die
Linie. 1:0 für uns. Kurz danach war das Spiel zu
Ende. Wir hatten den Pokal gewonnen!"

„Das hätte ich genauso gemacht!", ruft Jo.

„Von wegen!", sagt Tina. „Du hast doch seit sechs
Monaten kein Tor mehr geschossen."

„Dafür hast du umso mehr reingelassen", erwidert
Ole.

„Ganz ruhig, Kinder!", sagt der alte Schulze und
steht auf. „Ich habe doch gesagt, dass ich euch
vielleicht helfen kann. Wartet hier auf mich. Ich bin
gleich wieder da."

Die Kinder essen Kuchen
und trinken Limonade.
Sie warten gespannt.
Was hat der alte Schulze
vor?

Der alte Schulze kommt zurück. In den Händen hält
er einen Ball. So einen, wie man ihn in jedem Sport-
geschäft kaufen kann. Die Kinder sehen enttäuscht
aus. Sie hatten irgendetwas Besonderes erwartet.
„Wisst ihr, was ich hier habe?", fragt der alte
Schulze und hält den Ball in die Höhe.
„Das ist ein Fußball", sagt Tina.
„Das sieht doch jeder", sagt Jo.
„Das hätte sogar meine kleine Schwester erkannt",
sagt Ole.
„Aber das ist kein gewöhnlicher Fußball", erwidert
der alte Schulze und lässt den Ball dreimal auf
seinem Oberschenkel aufspringen. „Das ist ein
magischer Ball. Mit dem gewinnt ihr jedes Spiel. Es
gibt nur eine einzige Bedingung: keinen Streit!"

„Keinen Streit?", wiederholt Ole.
„Genau." Der alte Schulze nickt.
„Ihr dürft auf dem Platz nicht zanken.
Sonst wirkt der Zauber nicht."

Die Ballprobe

„Ob das wirklich ein magischer Fußball ist?", fragt Tina eine Woche später.

„Keine Ahnung", sagt Jo.

„Nach dem Spiel sind wir klüger", sagt Ole.

Jo, Ole und Tina stehen auf dem Platz. Sie haben ihr Trikot und ihre Fußballschuhe an. Gleich beginnt das nächste Spiel in der Meisterschaft. Es ist das erste, seit der alte Schulze ihnen den Zauberball geschenkt hat. Ihren Mitspielern haben sie nichts von dem Zauberball erzählt. Die würden ihnen die Geschichte sowieso nicht glauben.

Weil der Ball aussieht wie jeder andere, ist es für die Kinder ganz einfach, ihn gegen den richtigen Spielball auszutauschen. Der Schiedsrichter hat nichts gemerkt, aber der alte Schulze hat es genau gesehen. Er steht wie an jedem Wochenende auf der Tribüne und winkt ihnen zu.

Die Gegner haben Anstoß.

Sie stürmen auf Tinas Tor zu.

Ole will sie aufhalten.

Aber es gelingt ihm nicht.

Zum Glück kann Tina den Schuss halten.

„Pass doch besser auf!", will Tina Ole anbrüllen.
Da fällt ihr gerade noch rechtzeitig ein, was der alte
Schulze gesagt hat. Sie dürfen nicht streiten. Sonst
funktioniert der magische Fußball nicht.

„Macht nichts, Ole! Beim nächsten Mal angelst du
dir den Ball bestimmt!", ruft Tina und wirft ihm die
Kugel zu. Ole spielt gleich weiter zu Jo. Doch der
legt sich den Ball zu weit vor und verliert ihn.

„Halb so schlimm!", sagt Ole und klopft Jo auf die
Schulter, als er auf dem Weg zurück zum eigenen
Strafraum an ihm vorbeiläuft.

Die Gegner sind stark.
Sie greifen an und schießen.
Der Ball fliegt auf Tina zu.

Eigentlich hätte sie den Schuss halten müssen. Hat sie aber nicht. Die Kugel rutscht ihr an den Fingerspitzen vorbei ins Tor. Dabei war der Ball gar nicht so hart geschossen.

Es steht 0 : 1 gegen *Die Kurzen Kicker*.

„Das ist ja ein Super-Zauberball", mault Tina und holt den Ball aus dem Tornetz.

Aber weder Ole noch Jo schimpfen.

„Den nächsten Schuss hältst du!", ruft Jo.

„Der alte Schulze hat nicht behauptet, dass wir keine Gegentreffer mehr kriegen", sagt Ole.

„Stimmt!", sagt Tina und wirft den Ball zu Jo. „Los jetzt! Wir zeigen ihnen, dass *Die Kurzen Kicker* Fußball spielen können!"

Jo passt zu Ole.
Dann läuft er sich frei.
Ole flankt zu Jo.
Jo schießt direkt.

Der Ball fliegt wie eine Rakete auf das gegnerische
Tor zu. Der Torhüter hat keine Chance. Unhaltbar
geht der Ball rechts oben in den Winkel.
Es steht 1:1.
Von da an gelingt den Kindern einfach alles. Tina
fischt auch die gefährlichsten Bälle aus den Ecken.
Aber so viele Schüsse gibt es gar nicht mehr auf ihr
Tor, weil an Ole kein Angreifer mehr vorbeikommt.
Geschickt angelt er sich den Ball, wenn sie an ihm
vorbeidribbeln wollen. Dafür braucht er nicht
einmal Foul zu spielen. Und vorne im Sturm trifft
Jo plötzlich aus jeder Position ins Tor. Er macht
einen Treffer nach dem anderen.

Der Schiedsrichter pfeift ab.

Jo, Ole und Tina jubeln.

Sie haben 4 : 1 gewonnen.

Es ist ihr erster Sieg

seit langer, langer Zeit.

Die Kinder laufen zum alten Schulze, der noch immer auf der Tribüne steht. Während des Spiels hat er jede gute Aktion der *Kurzen Kicker* beklatscht und bejubelt. Weil das so viele waren, ist er jetzt ganz heiser.

„Danke!", ruft Jo.

„Der Ball ist wirklich magisch!", sagt Ole.

„Bist du wohl still", zischt Tina. „Das darf doch keiner wissen!"

„Ihr habt toll zusammengespielt!", krächzt der alte Schulze.

„Stimmt", sagt Tina. „Wegen dem da!"

Verstohlen zeigt sie auf den Ball, den Jo unter dem Arm trägt.

Nach dem Spiel hat er ihn sich gleich geschnappt, damit er nicht in falsche Hände gerät.

„Wer passt auf den Ball auf?",
fragt Jo.
„Zuerst ich", antwortet Tina,
„danach Ole und dann du.
Wir wechseln uns ab."

Jo und Ole gefällt Tinas Plan. Jeden Tag passt einer von ihnen auf den magischen Fußball auf. Und der Fußballzauber funktioniert! Die gute Stimmung zwischen den drei *Kurzen Kickern* färbt auch auf ihre Mitspieler ab. Ihre Mannschaft wird ein richtiges Team, in dem jeder für den anderen einsteht. Von nun an gewinnen sie jedes Spiel und klettern in der Tabelle immer weiter nach oben.

Als das große Pokalturnier ansteht, können die Freunde das Wochenende kaum erwarten. Sie werden ganz viele andere junge Fußballer treffen und für den Sieger gibt es einen richtigen Pokal.

„Den holen wir uns",
sagt Jo leise zu dem Ball,
als er nach dem Training
nach Hause fährt.
„Wenn du uns dabei hilfst ..."

Die Hüter
der magischen Kugel

Jo, Ole und Tina passen auf ihren magischen Ball
auf, als wäre er aus purem Gold. Wer ihn mit nach
Hause nimmt, ist für diesen Tag sein Hüter und
dafür verantwortlich, dass die magische Kugel nicht
verloren geht.
Wenn Jo an der Reihe ist, nimmt er ihn nachts sogar
mit zu sich ins Bett.

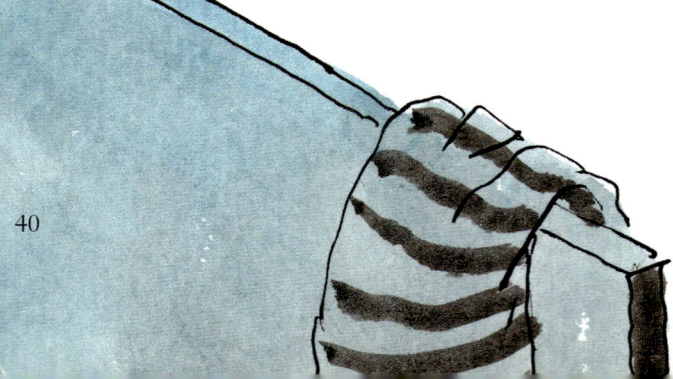

Trotzdem träumt er schlecht.
Von Einbrechern
und Fußbällen,
die verschwinden.

Tina steckt den Ball bei sich zu Hause in einen leeren Vogelkäfig. Vor die Käfigtür hängt sie drei Zahlenschlösser und denkt sich für jedes Schloss eine eigene Ziffernkombination aus. Es sind die Jahreszahlen, in denen Deutschland Weltmeister geworden ist: 1954, 1974 und 1990.

Ihre Eltern wundern sich, warum Tina den Fußball so gut bewacht.

„Ist das nicht etwas übertrieben?", fragt ihr Vater.

„Das ist unser Glücksbringer",
sagt Tina.
Ihr Vater weiß ja nicht,
dass es in Wahrheit
ein magischer Fußball ist.

Als Ole an der Reihe ist, versteckt er den Ball unter der dreckigen Wäsche. Da sucht ihn bestimmt niemand, denkt er. Kurz darauf aber sieht er, wie seine Mutter den Ball mitsamt der schmutzigen Kleidung in die Waschmaschine kippt.

„Mensch, Mama!", ruft er empört und fischt den Ball wieder aus der Maschine. „Pass doch auf!"

„Was hat der denn da zu suchen?" Seine Mutter schüttelt den Kopf. „Außerdem könntest du das Ding ruhig mal sauber machen."

Von wegen! Sie brauchen einen Zauberball, keinen Sauberball und wer weiß, ob mit dem Dreck nicht auch die magische Kraft des Balles verschwindet.

Ole muss
ein neues Versteck suchen.
Ein Versteck,
in dem der Ball sicher ist.

Aber jetzt läuft seine Lieblingsserie im Fernsehen.
Ole legt den magischen Fußball in seinem Zimmer
in den Papierkorb. Da kann er nicht wegrollen. Er
wird sich nachher ein gutes Versteck überlegen.
Als die Sendung zu Ende ist und Ole aus dem
Wohnzimmer in sein Zimmer zurückkommt, ist der
Ball verschwunden.

Wo kann der Zauberball sein?
Ole ist ganz verzweifelt.

Was, wenn ihn jemand gestohlen hat? Oder hat er sich vielleicht in Luft aufgelöst oder ist durchs offene Fenster davongeflogen? Schließlich ist es doch ein magischer Ball …

Und wie soll er das bloß den anderen erklären?

Ole sucht unter seinem Bett und guckt in alle Schränke und Schubladen.

Da hört er plötzlich eine Stimme aus dem Badezimmer. „Hübscher Balla!"

„Mia?", fragt Ole und stürzt ins Bad.

Seine kleine Schwester Mia sitzt auf dem Fliesenboden und malt den Ball an.

Mit lila Nagellack!

„Mia!", ruft Ole. „Gib das sofort her!"

Ole schnappt sich den Ball.

Darauf ist ein lila Klecks.
Aber der Klecks
ist ganz klein.
Kaum zu sehen.
Glück gehabt.

Das Turnier

Als *Die Kurzen Kicker* zu dem Turnier fahren, hat
Ole den magischen Ball in seiner Sporttasche dabei.
Es dauerte eine Weile, bis er sich traut, seinen
Freunden den Klecks zu zeigen.
Zuerst sagen Tina und Jo gar nichts.
Dann meint Jo: „Ach, das macht doch nichts!"
Tina nickt. „So ein kleiner Fleck! Der kann dem
Zauber bestimmt nichts ausmachen."
So ganz sicher sind sie sich aber alle drei nicht.

Tina, Ole und Jo lieben Fußballturniere. Aus der
ganzen Region reisen Mannschaften an, das ganze
Wochenende dreht sich alles nur um Fußball. Aber
das Allerbeste ist: Früher hatten *Die Kurzen Kicker*
keine Chance, so ein Turnier zu gewinnen. Mit dem
magischen Ball aber können sie es schaffen und den
Pokal mit nach Hause nehmen.

Und tatsächlich:
Die Kurzen Kicker
gewinnen alle ihre Spiele.
Ohne Gegentor.
Jo schießt die Tore,
Ole verteidigt super und
Tina hält jeden Schuss.

„Das macht ihr prima! Weiter so!", ruft der alte Schulze.

Die Kinder haben ihn gar nicht kommen sehen. Wie aus dem Nichts steht der Zauberer plötzlich am Spielfeldrand und feuert sie an.

Jo, Ole und Tina sind mächtig stolz auf ihren Freund, den Ex-Profi. Glücklich winken sie dem alten Schulze zu und laufen zu ihren Decken. Die haben sie auf dem Rasen ausgebreitet, um sich dort mit ihren Mitspielern zwischen zwei Partien ausruhen zu können.

Die Kinder aus den anderen Mannschaften schauen zu ihnen herüber und tuscheln.

„Glaubt ihr, die anderen ahnen, dass wir einen Zauberball haben?", flüstert Tina.

„Quatsch! Die bewundern uns, weil wir so gut spielen und jetzt sogar im Halbfinale stehen", erwidert Jo.

„Genau! Wir sind jetzt richtige Stars", sagt Ole. Er ist heilfroh, dass der Zauber immer noch funktioniert. Trotz des Nagellacks.

Da ertönt ein Pfiff.
Gleich beginnt schon
ihr nächstes Spiel.
Wenn sie das gewinnen,
stehen sie im Endspiel.

Ihre Gegner sind richtig gut. Sie haben einen tollen Stürmer, eine gute Abwehr und einen Torhüter, der fast jeden Ball hält. *Die Kurzen Kicker* müssen sich anstrengen, um mithalten zu können. Bereits bei ihrem zweiten Angriff dringen die Gegner bis in den Strafraum vor. Ole kann sie nicht aufhalten und gegen den Schuss, der vom Innenpfosten ins Tor springt, ist Tina machtlos.

„Was macht ihr denn dahinten für einen Mist?!", hätte Jo beinahe gebrüllt. Aber dann besinnt er sich und ruft: „Egal, das schaffen wir noch!"

Aber es ist gar nicht so leicht, durch die gegnerische Abwehr zu kommen. Ihre Gegner stehen gut und machen den Raum ganz eng.

Ole versucht eine Flanke.
Der Ball segelt hoch
in den Strafraum.
Jo springt in die Höhe
und hält den Kopf hin.

Von Jos Stirn segelt die Kugel in die lange Ecke.
Unerreichbar für den Torwart. Glücklich bejubeln
Die Kurzen Kicker den Ausgleich.
Den Rest des Spieles gelingt keinem mehr ein Tor.
Beide Mannschaften sind gleich stark.
Also muss das Siebenmeter-Schießen entscheiden.
Tina kann einen Ball halten, aber auch der gegneri-
sche Torhüter lenkt einen Siebener um den Pfosten.
Der letzte Schuss der Gegner geht rechts am Tor
vorbei.
Jetzt muss Tina selber schießen. Wenn sie trifft,
stehen *Die Kurzen Kicker* im Finale.
„Das schaffst du!", flüstert Ole.
„Links unten", rät Jo. „Da hält er ihn nie."
Tina schaut auf die Tribüne zum alten Schulze. Er
reckt ihr seinen gedrückten Daumen entgegen.
Tina läuft an und schießt.
Der Torhüter hechtet am Ball vorbei und die Kugel
landet im Tor.

„Toooooor!"
Die Kurzen Kicker jubeln
und stürzen sich auf Tina.
Sie sind im Finale!
Noch ein Sieg
und der Pokal gehört ihnen!

Vor dem Endspiel ist eine längere Pause und die
Veranstalter haben sich dafür etwas ganz Besonderes
einfallen lassen. Ein Kipplaster fährt auf den Platz.
Seine ganze Ladefläche ist voller neuer und alter
Fußbälle, die ein großzügiger Sponsor den Kindern
spendiert hat. Als Tina den Laster sieht, springt sie
schnell auf.

Ihr Zauberball liegt noch im Tor.

Aber ehe sie ihn erreichen kann, neigt sich die
Ladefläche des Lasters und schüttet seine Ladung
auf dem Platz aus. Hunderte von Fußbällen
springen kreuz und quer über den Rasen.

„Unser Ball!",
brüllen Jo, Ole und Tina
im Chor.

Das Spiel
um den Pokal

Verzweifelt suchen Jo, Ole und Tina zwischen den vielen Bällen nach ihrem magischen Fußball. Aber genauso gut könnten sie in der Wüste nach einem ganz besonderen Sandkorn suchen oder im Meer nach einem bestimmten Tropfen Wasser. Die Bälle sehen fast alle gleich aus und die vielen anderen Kinder, die einen der Fußbälle für sich ergattern wollen, machen die Suche auch nicht einfacher.
Nach einer halben Stunde geben *Die Kurzen Kicker* die Suche auf.
Es ist hoffnungslos!

Jo, Ole und Tina
sind ganz geknickt.
Der Zauberball ist weg.
Wie sollen sie nun gewinnen?

„Was wird der alte Schulze sagen, wenn wir ihm beichten, dass sein Ball weg ist?", fragt Jo.

„Er wird uns den Kopf abreißen", antwortet Ole.

„Oder uns in weiße Mäuse verzaubern", erwidert Tina.

„Das haben wir auch verdient." Jo seufzt.

Gemeinsam machen sich die Kinder auf die Suche nach dem alten Schulze. Sie finden ihn beim Bratwurststand, wo der Ex-Profi gerade eine Currywurst isst.

Es dauert eine Weile, bis sich die Kinder trauen, mit der Wahrheit herauszurücken.

„Ihr wollt mich auf den Arm nehmen",
sagt der alte Schulze,
als die Kinder ihm
alles erzählt haben.

„Es war nicht unsere Schuld", beteuert Ole.

„Es tut uns auch furchtbar leid", sagt Tina.

„Und jetzt werden wir nie wieder gewinnen", jammert Jo. „Und den Pokal kriegen wir auch nicht."

Schulze, der Zauberer, sieht die Kinder mit funkelnden Augen an. Dann lächelt er.

„Ihr habt also den Zauberball verloren? Und trotzdem wollt ihr heute gewinnen?"

Jo, Ole und Tina starren ihn verwirrt an.

„Klar doch", stammelt Tina, die als Erste ihre Sprache wiederfindet.

„Auch ein Zauberball ist immer nur so gut, wie die, die ihn kicken", erklärt der alte Schulze den verdutzten Kindern. „Und ihr drei kickt gut. Egal, wie das Spiel heute ausgeht: Wichtig ist, dass ihr eine Mannschaft seid. Wenn ihr verliert, verliert ihr als Team. Wenn ihr gewinnt, gewinnt ihr als Team. Und heute gewinnt ihr!"

Jo, Ole und Tina
sehen sich an.
Soll das heißen,
sie hatten
gar keinen Zauberball?

„Sie meinen, wir brauchen den Ball gar nicht, um zu gewinnen? Wir sind selber gut genug?", fragt Jo.

„Genauso ist es!", bestätigt der alte Schulze. „Und genauso werdet ihr auch das Endspiel gewinnen! Nicht mit irgendwelchem Hokuspokus, sondern weil ihr einfach gute Fußballspieler seid."

Da ertönt auch schon der Pfiff, der die Mannschaften zum Endspiel ruft.

„Viel Glück und denkt dran: einer für alle, alle für einen!", ruft ihnen der alte Schulze hinterher, als sie zurück zum Spielfeld laufen.

Dort wartet der Schiedsrichter schon auf *Die Kurzen Kicker*, damit das Finale endlich beginnen kann.

„Ich wäre trotzdem froh,
wenn wir den magischen Ball
noch hätten", sagt Ole.
„Das war doch
gar kein echter Zauberball",
antwortet Tina.
„Vielleicht ja doch!",
flüstert Jo.

Den *Kurzen Kickern* bleibt keine Zeit, weiter zu diskutieren. Der Schiedsrichter pfeift das Spiel an und ihre Gegner stürmen sofort los. Sie sind sogar noch besser als die Mannschaft, gegen die sie im Halbfinale gespielt haben. Außerdem sind die meisten einen ganzen Kopf größer als Jo, Tina, Ole und ihre Teamkameraden.

Mit drei schnellen Pässen spielen sie die Abwehr der *Kurzen Kicker* schwindelig. Dann zieht ihr Mittelstürmer aus vollem Lauf ab. Ole kriegt gerade noch sein Bein dazwischen und kann den Ball ins Aus lenken.

„Super, Ole!", rufen Jo und Tina gleichzeitig.
Der anschließende Eckball fliegt hoch in den Strafraum. Tina muss sich ganz lang machen, um den Ball zu fangen.

Tina presst ihn an ihre Brust.
Ole und Tim klopfen ihr
auf die Schulter,
weil sie so gut gehalten hat.

„Nach vorne mit euch", ruft Tina. „Sonst kann ich euch nicht anspielen!"

Ole und Jo laufen Richtung Mittellinie. Tina wirft den Ball genau auf Ole und der spielt gleich weiter zu Jo. Der Schuss ist zu hart. Deswegen kann Jo ihn nicht sauber annehmen. Er springt ihm weg und einem Gegenspieler direkt vor die Füße. Früher hätten sich *Die Kurzen Kicker* nach so einem Fehler gegenseitig angemotzt. Aber jetzt halten sie zusammen wie eine richtige Mannschaft.

„Egal! Komm schnell zurück", ruft Ole und rennt gemeinsam mit Jo an ihren eigenen Strafraum, um den nächsten Angriff abzuwehren.

„Los, los! Das schaffen wir!",
feuert Tina ihre Abwehr an.
Da saust auch schon wieder
ein Schuss auf ihr Tor zu.
Zum Glück geht er vorbei.

71

Bei ihrem Gegenangriff dribbelt sich Jo diesmal fast bis vor das gegnerische Tor. Einen Spieler nach dem anderen lässt er einfach stehen, bis nur noch der Torwart vor ihm ist. Jo wartet lange, ehe er schießt. Er will den Ball über den Torhüter lupfen. Doch der ahnt, was Jo vorhat, und kann den Ball mit der rechten Hand am Tor vorbeilenken.

So geht das Spiel hin und her. Beide Mannschaften schenken sich nichts, aber keiner gelingt es, den entscheidenden Siegtreffer zu machen.

Das zehrt ganz schön an den Nerven. Die Gegner der *Kurzen Kicker* beginnen, sich gegenseitig zu beschimpfen, wenn sie einen Fehler gemacht haben.

„Du Flasche, warum triffst du nicht?"
„Triff doch selber, du Blödmann!"
„Warum gebt ihr nicht ab,
ihr Luschen!"
„Da spielt ja
mein Hamster besser!"

Je mehr sich ihre Gegner anmotzen, desto schlechter spielen sie und desto häufiger verlieren sie auch den Ball durch dumme Fehlpässe an *Die Kurzen Kicker*. Ein Tor gelingt Jo trotzdem nicht. Der gegnerische Torhüter ist genauso gut wie Tina. Er hält jeden Ball, der auf sein Tor kommt.

Jetzt ist das Spiel schon fast zu Ende. Jo, Ole und Tina bleibt nur noch eine Minute, wenn sie das Turnier ohne Siebenmeter-Schießen gewinnen wollen.

„Jetzt spielen wir alles oder nichts", sagt Tina.

„Was soll das denn heißen?", fragt Ole.

„Ich komme mit nach vorne in den Angriff", erklärt Tina.

„Gute Idee! Und dann machen wir das Ding rein", sagt Jo und zeigt auf den Ball.

Tina läuft mit nach vorn.
Ihre Gegner sind verwirrt.
Was will die Torhüterin
in der gegnerischen Hälfte?
Ole flankt den Ball zu Tina.

Tina läuft an der Außenlinie entlang. Den ersten
Verteidiger vor ihr tunnelt sie einfach. Den zweiten
trickst sie mit einer Körpertäuschung aus. Sie ist
jetzt schon fast an der Außenlinie. Kurz schaut sie
auf, um zu sehen, wo Jo steht. Der ist in der Mitte
mitgelaufen und wartet in Höhe des Siebenmeter-
punktes. Tina nimmt Maß und flankt den Ball hoch
in den Strafraum.

Es scheint fast so, als würde die Kugel eine halbe
Ewigkeit durch die Luft segeln. Jo hat viel Zeit, sich
vorzubereiten. Er löst sich von seinem Gegenspieler
und dreht sich mit dem Rücken zum Tor.

Dann hebt er ab zu einem Fallrückzieher. Alles passt
perfekt. Jo trifft den Ball mit der Schuhspitze und
hämmert ihn unhaltbar links oben ins Eck.

„Tor! Tor! Tor!", schreit Tina
und läuft zu Jo.
Auch Ole ist schon da.
Arm in Arm hüpfen sie
vor Freude durch den Strafraum.

Kurz danach ist das Spiel aus. *Die Kurzen Kicker*
haben das Turnier gewonnen!
Während sich Tina und Ole von den Zuschauern
feiern lassen, schnappt sich Jo übermütig den Spielball, der auf dem Boden liegt.
„Das gibt's doch nicht …"
„Was denn?", fragt Tina – und dann sieht sie es
selbst: Auf dem Fußball ist ein kleiner lila Klecks.
Ohne es zu wissen, haben sie die ganze Zeit mit dem
magischen Fußball gespielt …
Die drei Freunde sehen sich verblüfft an.
„Dann ist es also doch ein Zauberball?", flüstert Ole
und schaut den alten Schulze an, der auf einmal
neben ihnen steht.
„Unsinn! Das habt ihr ganz alleine geschafft!",
erwidert Schulze, der Zauberer, und nimmt den Ball
unter den Arm. „Als echtes Team. Jetzt müsst ihr
aber los, die Siegerehrung fängt gleich an. Oder
wollt ihr euren Pokal nicht abholen?"

Na, und ob!
Schnell laufen die Freunde
zurück auf den Platz.

Als sie sich
noch einmal umdrehen,
ist der alte Schulze
verschwunden.
Fast so, als hätte er
sich einfach in Luft aufgelöst.

Wenn
dir diese
Geschichte gefallen
hat, dann empfiehl sie
deinen Freunden!

Liebe Eltern, liebe Lesepatinnen und -paten,

die Buchreihe **Zu zweit leichter lesen lernen** bietet Leseanfängern spannende Geschichten, die sie mit Ihrer Hilfe – zumindest teilweise – schon selbst bewältigen.

An Ihrer Seite merken die Kinder, dass sie schon ganz schön viel verstehend lesen können. Das macht ihnen Spaß und motiviert sie, zuversichtlich weiterzulernen.

Wenn Sie sich links neben das Kind setzen, kann das Buch einfach zwischen Ihnen und dem Kind liegen bleiben. Während Sie jeweils die linke Seite vorlesen, kann das Kind die Bilder betrachten und dann nach Ihnen die rechte Seite vorlesen.

So wird mit **Zu zweit leichter lesen lernen** eine ruhige Lesesituation geschaffen. Ihr Kind kann sich besser konzentrieren und das laut Vorgelesene auch besser verstehen.

Das Prinzip ist ganz einfach: Geübte Leser und Leseanfänger lesen einander vor. **Zu zweit leichter lesen lernen** – mit doppeltem Vergnügen!

Theo Kaufmann
Seminarschulrat
1. Vorsitzender des Vereins für Leseförderung e.V.
Mitglied im Bundesverband Leseförderung

1 2 3 4   14 13 12
Copyright © Carlsen Verlag GmbH, Hamburg 2012
Umschlag- und Innenillustrationen: Heribert Schulmeyer
Umschlaggestaltung: init, Bielefeld
Lektorat: Claudia Scharf
Herstellung: Constanze Hinz
Lithografie: Margit Dittes Media, Hamburg
Druck und Bindung: Gruppo Editoriale Zanardi, Italy
ISBN 978-3-551-65158-7
Printed in Italy
Alle Bücher im Internet unter www.carlsen.de

Die Schrecken der Dachrinne

Robert wachte mitten in der Nacht auf. Es donnerte. Blitze zuckten über seinem Dachfenster. Der Regen prasselte auf die Scheibe. Robert drehte sich um. Er zog die Bettdecke über den Kopf. Da krachte etwas. Robert saß sofort kerzengerade im Bett. Was war das gewesen? Ein Stück vom Schornstein? Oder blies der Sturm die Dachziegel vom Dach? Er sah nach draußen. In der schwarzen Nacht konnte er nichts erkennen. Aber er hörte Stimmen! Oder hatte er alles nur geträumt? „Alle Mann nach achtern! Segel reffen! Reffen hab ich gerufen! Rafft ihr das nicht? Schneller, schneller, wir treiben ab!"

Der klitzekleine Piratenkapitän Johann van de Veilchen hatte alle Hände voll zu tun. Denn er und seine Mannschaft waren mitsamt ihrem Piratenschiff in diesen Sturm geraten.

Johann van de Veilchen war der kleinste Kapitän der sieben Weltmeere, aber er hatte die größte Klappe. Sein Schiff hieß „Feuerfloh" und war so lang und so breit wie eine Kokosnussschale. Auch van de Veilchens Mannschaft war klein:

6

Außer dem Käpten
gab es nur noch den Koch Spuhn
und Sina die See-Fahrerin an Bord.
Und jeder der drei Piraten
war gerade mal so lang
wie ein halber Bleistift.

Wollt ihr noch mehr **Zu zweit leichter lesen lernen**?
Dann probiert's doch mal mit „Freistoß für Julia".
In diesem Abenteuer schmuggelt sich Julia in eine Fußball-
mannschaft voller Jungs. Niemand weiß, dass sie ein
Mädchen ist. Ob das wohl gut geht?

Ein Junge aus der roten Mannschaft verfolgt Alex und versucht erneut ihn aufzuhalten. Aber auch Tarzan hat es auf den Ball abgesehen. Seine Ohren flattern im Wind und seine kurzen Beine fliegen fast über den Rasen, so eilig hat er es. Fast gleichzeitig holen die beiden Alex ein. Doch gerade als Tarzan nach dem Ball schnappen will, passiert es: Der Junge aus der roten Mannschaft stolpert so unglücklich über die Hundeleine, dass er umknickt und zu Boden fällt.

„Aua!", schreit er mit schmerzverzerrtem Gesicht. „Mein Knöchel!"

Tilo pfeift das Spiel ab und läuft zu dem verletzten Jungen hinüber. Julia hat ein schlechtes Gewissen. Schließlich sollte sie auf Tarzan aufpassen. Alle scharen sich um die beiden. Nur Tarzan nicht. Er tollt übermütig mit dem Ball über das Spielfeld, bis Alex ihn auf den Arm nimmt.

„Komm, Lasse. Versuch mal aufzustehen", sagt Tilo. Er reicht dem Jungen die Hand, um ihn hochzuziehen.

„Autsch!" Lasse verzieht das Gesicht. „Es geht nicht. Ich kann nicht auftreten."

„Das habe ich befürchtet",
sagt Tilo ernst.
„Dein Knöchel
ist bestimmt verstaucht.
Damit wirst du
erst mal kein Fußball
mehr spielen können."

Wollt ihr noch mehr **Zu zweit leichter lesen lernen**?
Dann probiert's doch mal mit „Der 24. Weihnachtsmann". In
diesem spannenden Buch wollen Jan, Anna und Flo heraus-
finden, wer von all den Weihnachtsmännern in ihrer Stadt der
echte Weihnachtsmann ist. Aber das ist gar nicht so einfach!

Auf dem Weihnachtsmarkt war nicht viel los. Aber an
der Würstchenbude stand ein Weihnachtsmann und
verteilte Bonbons. Er hatte eine Spielzeughupe um
den Hals. Jedes Mal, wenn jemand vorbeikam, hupte
er laut.

„Schöne Hupe", sagte Jan. „Haben Sie auch ein Auto
dazu?"

Der Weihnachtsmann grinste. „Klar, einen Liefer-
wagen! Sonst könnte ich ja eure Geschenke nicht
ausliefern."

„Natürlich." Jan nickte. „Auf Wiedersehen."
Er zog Flo und Anna ein Stück weiter, bevor er
fragte: „Und, wie habe ich das gemacht?"
Flo und Anna guckten völlig ratlos.

„Leute!" Jan seufzte. „Das war eine Fangfrage! Und
er ist voll darauf reingefallen! Oder habt ihr schon
mal gehört, dass der Weihnachtsmann einen Liefer-
wagen hat? Der Weihnachtsmann hat einen Rentier-
schlitten, das weiß doch jeder!"

„Vielleicht auch nicht",
sagte Anna.
„Vielleicht ist er auch
mit einem Pony unterwegs."